老廣新游 CANTON TALKER

# 一座山读懂一座城

One Mountain One City

大话国 编绘

广州新华出版发行集团
广州出版社
GUANGZHOU PRESS

# 前言

越秀山，广州文脉和城市传统中轴线的起点，承载千年羊城的人文历史，见证广州城市的发展变迁，展现广州绚丽多彩的文化印记。越秀山之于广州的意义，远不止物理空间上的存在。越秀山构建了广州的城市格局，积淀了广州的历史文化，呈现了广州的绿美生态，塑造了广州的人间烟火。越秀公园“花城书房”选取六个代表性点位及N个阅读点，从全民阅读、粤韵华彩、穿越古今、诗乐无边、悦享生活、跃创未来等六个维度，展现了阅读与不同领域的跨界融合，创新“阅读+”多元文化体验。让我们一起游千年越秀山，漫步山野林间，感受羊城馥郁书香。

北门
诗词里的广州主题园
乐
北秀湖
碳中和主题园
花苑
悦
跃
三角梅
无忧树
烟火树
竹海林风
正门
龙船花
海东京畿园
南秀花苑
粤秀书院
越
羊蹄甲
桂花
黄花风铃木
五羊石雕
镇海楼
南秀湖
中山纪念碑
粤
广州明城墙
越秀山体育场
西门
越秀公园
木棉群
越秀山水塔
百步梯
南门

一座山读懂一座城
One Mountain One City
N
SITE当代艺术中心
艳山姜
四方炮台遗址
花城里·陌上花开
阅
花城文学院
海员亭
仲元图书馆旧址
荷花
东秀湖
东门

# 最佳研学路线

**优秀传统文化**

五羊石雕、镇海楼、粤秀书院

**革命传统教育**

中山纪念碑、四方炮台遗址

**自然生态**

碳中和主题园、花苑

广州明城墙
中山纪念碑
木棉群
镇海楼
“诗词里的广州”主题园
乐
诗乐无边
花苑
悦
悦享生活

# 五羊石雕

说起越秀公园，你一定知道园内的五羊石雕吧。你听说过关于它的传说吗？相传周夷王八年（公元前878年），广州遍地荒芜，人民终日辛劳却不得温饱。一天，忽然仙乐缭绕，天空中出现五朵彩色祥云，五位仙人身穿五色彩衣，骑着五只羊降临广州。仙人们将手中的谷穗赠予广州人民，随后驾祥云而去，留下五只羊化为巨石，守护着广州。从此，广州成为南方富饶之地，人民丰衣足食。这个传说流传至今，广州也因此被誉为“羊城”。

仔细观察五只羊的动作和神情，你认为它们分别有什么个性和美好品质？请参照例子写下你的看法，并根据你的理解，试着画出它们的卡通形象吧！

**互助**

我正在帮助伙伴挠痒痒，我是互助的象征。

**勤劳**

勇敢

慈爱

报恩

20 世纪 50 年代，时任广州市市长朱光创作了《望江南·广州好》组词（五十首），第一首就描写了五羊传说。如今这首词被刻在越秀公园五羊广场的一块大石上。你能找出这首词并补全吗？

广州好，城古越千年。

饱阅沧桑消劫烬，

……

——朱光《望江南·广州好》

..........................................................................

..........................................................................

广州人民为了感激五仙，就在他们当年降临的地方（越秀区惠福西路）修建了一座“五仙观”作为纪念。在那里，你还能在一块原生石上看到一枚巨大的仙人足印呢！

秋风吹向玉山游，萸酒花糕压担头。

流鹁分明声不断，登高人上五层楼。

——清·倪鸿《广州竹枝词》

# 广州明城墙

在越秀公园里，你有看到爬满了榕树繁茂根须的古城墙吗？榕树与城墙相生相伴，共同见证着人间沧桑变化。这段古城墙建于明洪武十三年（1380 年），至今已有六百多年的历史，它既是广州城垣北扩的历史遗物，也是广州革命英雄城市的历史见证。城墙边，树荫下，停下你的脚步，感受一下自然与历史的完美融合吧。

你了解榕树吗？

● 榕树档案

别名：

门：　　　纲：　　　目：　　　科：

作用与价值：

## 榕树成长记

播种：风将榕树种子带到城墙上；或者是小鸟吃了种子后不消化，将种子排出体外后，落在城墙上。

生长：对土壤要求不高，在潮湿环境中更易生长。

繁茂：主干和枝条上有很多气孔，气孔中可以长出气根。气根落地入土，长粗，成为支柱根，支撑树枝向外扩展，形成独木成林的奇观。

这些榕树的树根难道不会破坏古城墙吗？

广州明城墙是广州三大明初地面古迹之一，你知道另外两个分别是什么吗？

總理遺囑

# 中山纪念碑

你知道越秀公园里的网红“百步梯”吗？你能一口气登顶吗？登上“百步梯”，你会看见一座气势恢宏的建筑——中山纪念碑，它俯瞰着整个越秀公园，是纪念和缅怀孙中山先生革命精神的重要纪念性建筑。

中山纪念碑镌刻着《总理遗嘱》全文，
你知道“总理”是指谁吗？

《总理遗嘱》摘录

中華民國十
八年一月十
五日為
孫中山先生
紀念碑經始
籌備建築委
員李濟深等
立石

中山纪念碑的东南方，依山建有两座石牌坊，其中一座牌坊还隐藏着广州的“曾用名”。你能找到它们吗？

● 牌坊档案

广州最早的名字是什么？

牌坊匾额正反面都有文字，找一找，写下来吧！

正面

背面

还有一座牌坊，匾额上刻有“佛山”两个字，你知道这里的“佛山”是指哪里吗？

你能找到这张老照片里的建筑现在所在的位置吗？
可以拍一张照片贴在手账本上。赶紧去打卡吧！

在老一辈广州人的口中，越秀山又叫“观音山”。明永乐元年（1403 年），广东都指挥使花英在越秀山修筑观音阁，供奉观音菩萨。1927 年广州起义爆发，起义军在这里与敌军展开了激烈的战斗，留下了可歌可泣的革命英雄故事，史称“观音山战斗”。

老廣新游
CANTON TALKER
一座山读懂一座城
One Mountain One City
气脉雄如此 由来是广州
——明·汤显祖《广城二首》（其一）
登山缥缈又登楼
风起云飞揽九州
——清·康有为《登越秀山顶五层楼》
山水之间得真乐
春秋佳日可以对客倾壶觞
——清·张维屏《九日粤秀山登高》

古之楚達

你知道中山纪念碑的建筑设计师是谁吗？他还设计了哪些知名建筑呢？

五岭南来，珠海最宜明月夜；
层楼晚望，白云仍是汉时秋。

——民国·胡汉民

總理遺囑

# 木棉群

英雄花开英雄城，你知道英雄花指的是什么花吗？它就是广州的市花——木棉花，它对于广州有着深远的意义。人们用“红棉精神”来概括广州人民勇敢、坚强和奋发向上的精神。越秀公园内种植了上百株木棉树，其中有九株树龄已超过百年。木棉盛开时，像一条红丝带将五羊石雕、中山纪念碑、镇海楼等历史文化景点串联起来，形成壮观的木棉群景象。

一起来寻找木棉花吧！

● 木棉花档案

别名：

门：　　纲：　　目：　　科：

作用与价值：

木棉花

你知道木棉花是由哪些部分组成的吗？试着把各部位和其对应的名称连起来。

● 木棉花剖面图

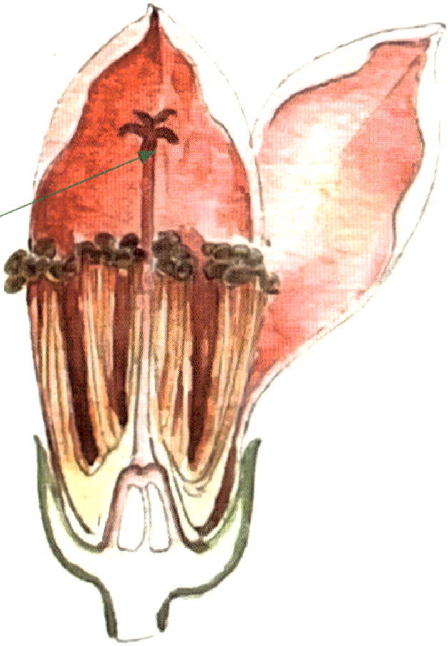


一起来画一画吧！

| | |
|---|---|
| 花朵： | 果实： |
| 种子 & 棉絮： | 树干： |

不仅广州市民喜欢木棉花，诗人也喜欢。木棉花经常被写进诗词里，请收集并抄录关于木棉花的诗词吧！

十丈珊瑚是木棉，
花开红比朝霞鲜。
天南树树皆烽火，
不及攀枝花可怜。

——清·屈大均

除了越秀公园，中山纪念堂、陵园西路、农讲所等地也是广州市内欣赏木棉的好去处。记得趁着木棉盛开的季节去打卡哦！

# 镇海楼

你听过粤语童谣"肥仔个头，大过五层楼；肥仔只手，细过荷兰豆"吗？你知道童谣里说的"五层楼"在哪里吗？它坐落于越秀山山顶，也叫镇海楼，是如今广州博物馆的主馆址。六百多年来，镇海楼五次被毁又五次重建，可谓历尽沧桑。如今它依旧傲然屹立于越秀山山顶，正如楼顶两旁悬挂的对联所言：万千劫，危楼尚存，问谁摘斗摩霄，目空今古；五百年，故侯安在，使我倚栏看剑，泪洒英雄。镇海楼是广州现存最完好的古建筑，曾是广州最高的建筑。

有人形容镇海楼“楼成塔状，塔似楼形”。从不同角度仔细观察，你能发现这座建筑有什么特点吗？

镇海楼的正面、侧面、背面各有一个最突出的特点，你知道是什么吗？仔细观察，画一画。

正面

张开双臂，估算一下一楼墙体的厚度。

侧面

建筑从侧面看不像楼，倒像一座宝塔。观察楼的低层与高层的墙体所用的材质有什么不同。

背面

数一数建筑的背面共有几扇窗户。画一画，猜猜它们的作用是什么。

你能找到这张老照片里的建筑现在所在的位置吗？
可以拍一张照片贴在手账本上。赶紧去打卡吧！

## 寻显眼包

如今的镇海楼已成为广州博物馆的主馆，收藏了大量珍贵文物。走进镇海楼，找出令你印象深刻的“文物显眼包”，打个卡吧！

石湾窑鳌鱼是广州博物馆的镇馆之宝，镇海楼的屋顶正脊两端也点缀着几尊鳌鱼雕塑。鳌鱼被古人认为能呼风唤雨、辟邪防火，因此常被立在屋脊上，即人们所说的“蹲守”。同时，人们还将鱼跃龙门、登科入仕的愿望寄托在这种龙头鱼身的瑞兽身上，取“独占鳌头”之意，故称其为“鳌鱼”。

我是来自石湾窑的三彩鳌鱼，神话传说中龙的九子之一。你问我为什么总是站在屋檐上？因为我是神兽界的消防员！

为鳌鱼脊饰涂上颜色吧！

镇海楼西侧的碑廊里，收藏着唐代到民国时期的珍贵碑刻。一起来寻找以下几座石碑，了解它们的故事吧！

明·贪泉碑

古代哪位官员在饮用贪泉水后，依然能坚守廉洁的操守？

元·宣圣遗像碑

这座石碑刻画了哪位历史名人的形象？

明·广州府学图碑

这座石碑原立于哪里？

明·归德门石额

归德门原址在如今广州的什么地方？

清代以来，镇海楼一直是“羊城八景”之一，许多文人墨客在这里留下了诗词佳作。镇海楼内悬挂着一副知名的对联，找到它，并补充完整吧！

**上联**

万千劫，危楼尚存，问谁摘斗摩霄，目空今古

**下联**



——彭玉麟（晚清著名军事家）

清樽须醉曲栏前，飞阁临秋一浩然。
五岭北来峰在地，九洲南尽水浮天。
将开菊蕊黄如酒，欲到松风响似泉。
白首重阳惟有笑，未堪怀古问山川。

——清·陈恭尹《九日登镇海楼》

了解镇海楼的结构后，观察它所处的位置，你能推测古人建造镇海楼的原因吗？

你听说过下面这些广州地名吗？其实，它们都与古代广州的城门有关。猜猜这些地方分别是哪座城门的所在地。

小北路　大东门　西门口　朝天路　大南路

文明路　靖海路　大德路　大北立交

北大
文明門
小南門

全民阅读

# 花城里·陌上花开

"陌上花开，可缓缓归矣"。漫步在越秀公园的东秀湖畔，你会发现一幢典雅素静的纯白色建筑——"花城里·陌上花开"文化空间。这里陈列着红色文化、岭南文化、海丝文化、创新文化等方面的图书和各种广府非遗文创产品。这扇书香萦绕的文化窗口引人穿"阅"千年，读懂广州。取一本书在靠窗位置坐下，仔细品读，或许便能体会到"田间阡陌上的花开了，我等你慢慢回来"的心境。在"花城里·陌上花开"文化空间，你能在最接近自然的地方与文学相遇。

文学家笔下的广州是怎样的?

广州是一座拥有两千多年历史的文化名城，在这片热土上，孕育了一大批有强大生命力的文学精品。广州独特的风土人情，也给不同时代的文学家留下了深刻印象，他们笔下的广州是怎样的？答案就在越秀公园“泊”书店二楼，快去探索吧！

广州是一个温暖的城市，假若我们爱春天爱太阳的话，那么广州还是一个值得我们流连的地方。

——巴金《广州二月记》

越秀山上的越王台（也称粤王台）是古代文人写越秀山时笔下出现次数最多的景点。如今越王台已不复存在，但我们仍能走进诗词的世界，想象越王台的风光。

## 使至广州

唐·张九龄

昔年尝不调，兹地亦邅回。
本谓双凫少，何知驷马来。
人非汉使橐，郡是越王台。
去去虽殊事，山川长在哉。

越王台想象图

## 三月晦日游越王台二首（其一）

宋·杨万里

榕树梢头访古台，
下看碧海一琼杯。
越王歌舞春风处，
今日春风独自来。

## 粤曲二首（其一）

清·梁佩兰

春风试上粤王台，
锦绣山河四面开。
今古兴亡犹在眼，
大江潮去复潮来。

你知道越王台是谁修建的吗?
你知道越王台在越秀山的哪个位置吗?
想象一下，站在越王台上，你能看见怎样的风景?

走进花城书房，读一读你感兴趣的讲述广州文化的书。别忘了打卡和抄录哦！

花城文学院

粤秀書院

# 粤秀书院

你听说过粤秀书院的校训吗？让我们一起读一读：“博学之，审问之，慎思之，明辨之，笃行之。”粤秀书院是清代广州四大书院之首，因原址位于越秀山之南，故名粤秀书院。漫步越秀山间，与这座古建筑邂逅，感叹经历世代更替，人们对知识的追求依然孜孜不倦。

书院是中国古代的教育机构，是官府或私人所设的聚徒讲学、研究学问的场所。

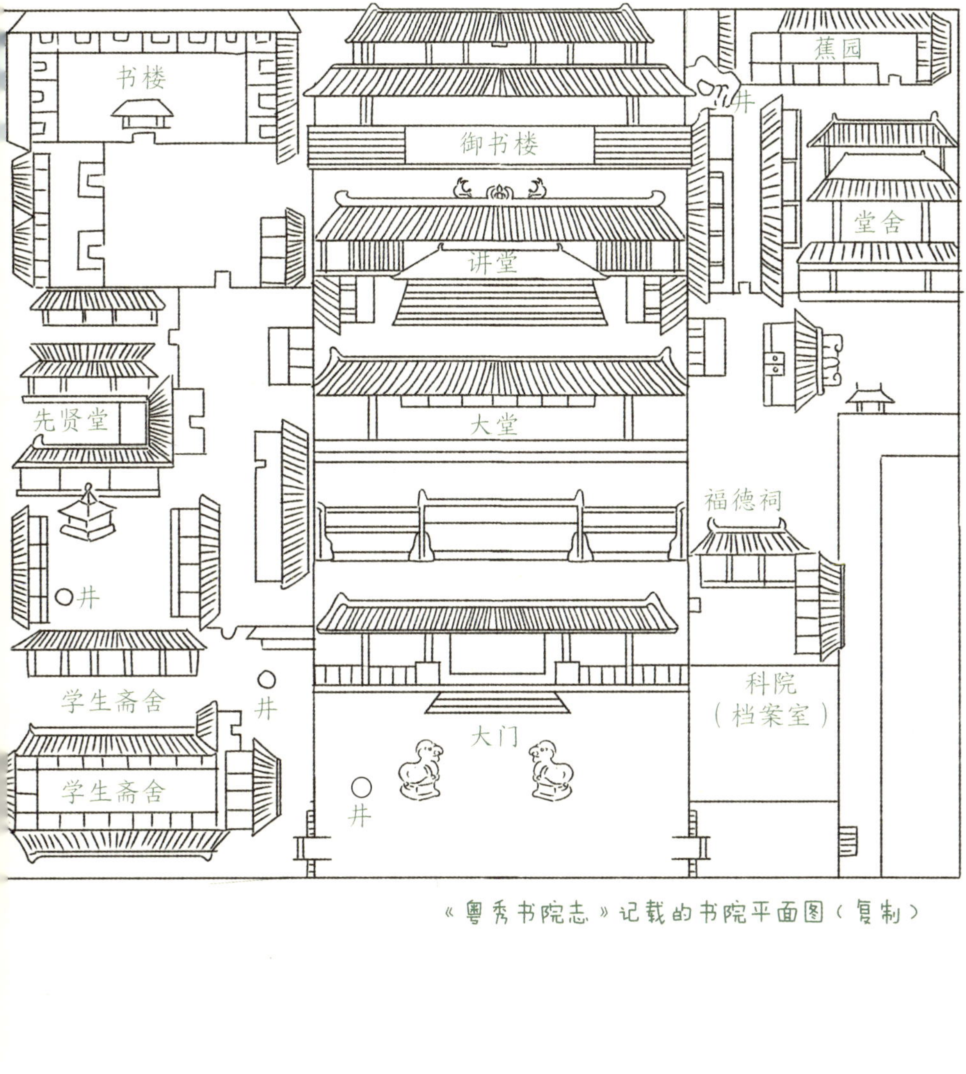


《粤秀书院志》记载的书院平面图（复制）

清代，广州的书院数量居全国之首，仅越秀古城区内便达数百家，且分布集中在越秀古城区（今北京路一带），形成了一个全国罕见的书院群，为岭南培育了大批人才。

右图中大部分的古书院都不存在了，你能找到它们的原址吗？一起来了解它们的传奇故事吧。

粤秀书院（新址）
番禺学宫
粤秀书院（旧址）
万木草堂
考亭书院
庐江书院
广府学宫
贡院

除了粤秀书院，清代广东四大书院还包括哪些？
你知道粤秀书院的原址在哪里吗？

粤秀书院建院的三百多年中，人才辈出。其中有一位大家非常熟悉的历史名人，他师从康有为，曾参与发动“公车上书”运动，写下脍炙人口的散文《少年中国说》。你能猜到他是谁吗？

一望河山感慨中，苍苍平楚入长空。
石门北去通秦塞，肄水南来绕汉宫。
虚槛松声沉暝壑，极天秋色送征鸿。
朔南尽是尧封地，愁听樵苏说霸功。

——明 · 欧大任《镇海楼同惟敬作》

四方炮台

# 四方炮台遗址

在越秀公园里，你有发现一座长条形的石墩吗？这个石墩的位置就是四方炮台的遗址。四方炮台原名永宁炮台，后又称永康炮台，是广州城防的据点之一，也是鸦片战争的重要遗迹之一。因炮台呈四方形，故称四方炮台。如今，虽然这个曾经立下赫赫战功，以抗击外来侵略而闻名遐迩的英雄炮台只剩下遗址，但是广州人民坚守在这个广州北郊的制高点，击退外敌进攻的英勇精神永存。四方炮台遗址见证了历史与文化的传承，也见证了爱国主义精神的传承。

光复亭

跃创未来

# 碳中和主题园

越秀公园里有个神奇的主题公园，你知道在哪里吗？它是华南地区首个碳中和主题园，融科普园、科普展馆以及园林绿化废弃物资源化处理中心为一体。在碳中和主题园内，我们得以实践低碳生活，体验低碳阅读，了解环保科技，见证生态、生产、生活、阅读与科教的有机融合，助力绿美广州建设，为实现我国“双碳”目标尽一份力。

## 什么是“双碳”？

### 变废为宝

碳中和主题园的墙面和横匾均采用发泡陶瓷制成。发泡陶瓷是一种绿色低碳的环保型材料，生产原料主要是大宗固体废弃物，包括矿山废石、尾矿、煤矸石、粉煤灰及石材废料、锯泥、陶瓷厂废料、抛光泥等。

查一查目前中国九大碳交易平台分别在哪些城市。

主题园内有一件艺术装置，是用回收塑料瓶与植物颜料组合创作的勺嘴鹬（一种极危鸟类）形象。一起来寻找这件装置，制作勺嘴鹬的小档案吧！

碳中和主题园

## 竹海林风

竹子的一生经历了五个阶段，包括发芽期、生长期、成熟期、衰老期、开花期。你能画出竹子不同阶段的形态吗？

发芽期

竹子的用途非常广泛，想一想，日常生活中有哪些物品是用竹子制成的？

悦享生活

## 花苑

越秀山下，北秀湖畔，大隐于市，悠然秘境，百花齐放，争奇斗艳。来到越秀公园，怎么能错过花苑呢？回归山林自然，赏花品茶，欣赏诗歌、书法、摄影、展览，这里都有！这座具有岭南园林建筑风貌的展馆，是公园内古色古香的高雅艺术空间。置身花苑，好书一本，清茶一盏，花丛一隅，读书不觉已春深，抬眼便是繁花似锦。书香茶香花香萦绕，使人沉醉不愿归去，如沐春风，岁月静好。

从花苑出发，探索岭南特色风物。你认识这些花卉和佳果吗？

## 寻芳笔记

画出你认为最有特色的植物。

花苑

越秀公园内生活着众多野生鸟类，为它们的画像涂上颜色，试试看能不能遇见它们吧！

大拟啄木鸟

白头鹎

乌鸦

暗绿绣眼鸟

红耳鹎

珠颈斑鸠

大山雀

长尾缝叶莺

你能在越秀公园内找到木棉花和杜鹃花吗？为它们涂上颜色，填上词句，制作精美的小花笺吧。

揽辔越王台上望，
鹧鸪声里木棉红。
——民国·陈树人

木棉花

杜鹃花

诗乐无边

# 『诗词里的广州』主题园

阅读无界，超越书籍等有形载体。在"诗词里的广州"主题园，我们尝试跨领域、跨时代的多元链接，进行诗词、绘画、戏曲、音乐等不同形式的艺术探索，让身心沉浸在诗意的阅读中。

花开成景，花落成诗。

从越秀山读懂广州城的故事永不完结，

期待我们下次相聚！

你们游览越秀公园时，

还有哪些带你读懂广州的发现呢？

都写下来吧！

图书在版编目（CIP）数据

一座山读懂一座城 / 大话国编绘. — 广州：广州出版社，2024.4
ISBN 978-7-5462-3742-8

Ⅰ. ①一… Ⅱ. ①大… Ⅲ. ①公园－介绍－广州 Ⅳ. ①K928.73

中国国家版本馆CIP数据核字(2024)第062561号

Yi Zuo Shan Dudong Yi Zuo Cheng

一座山读懂一座城　大话国　编绘　版权所有　翻印必究

策　　划：陈晓丹
项目统筹：杨　斌　高志斌　李　云　李碧梅
责任编辑：卢嘉茜　李佰幸
责任校对：王俊婕　张申申
出版发行：广州出版社
美术设计：广州亦可文化传播有限公司
地　　址：广州市天河区天润路87号广建大厦9、10楼（邮政编码：510635）
网　　址：www.gzcbs.com.cn
印　　刷：东莞市信誉印刷有限公司
地　　址：东莞市南城亨美水濂澎洞工业区C区
电　　话：0769-22400139
规　　格：787mm×1092mm　1/32
印　　张：4
字　　数：50千
版　　次：2024年4月第1版
印　　次：2024年4月第1次
书　　号：ISBN 978-7-5462-3742-8
定　　价：38.00元

发行专线：(020) 38903520　38903518　38903521
如发现印装质量问题，影响阅读，请与承印厂联系调换。